UN PRÉFET

ET

UN MAIRE

EN 1872

Par VIOLETTE

Cultivateur

« La légalité nous tue ! »

PARIS

TYPOGRAPHIE A. HENNUYER

RUE DU BOULEVARD, 7.

1873

PROLOGUE

« La légalité nous tue ! »

On attribue ces paroles à un député du gouvernement de Juillet, M. Viennet, je crois.

Le temps a marché, les hommes ont changé et les institutions aussi. Quant à la LÉGALITÉ, c'est toujours elle qui tue nos GOUVERNANTS.

Que l'ASSEMBLÉE NATIONALE et le PAYS en jugent par la correspondance qui suit, avec pièces à l'appui. Cette correspondance a été échangée, en 1872, à propos d'une AFFAIRE INDUSTRIELLE dans laquelle la POLITIQUE n'est absolument pour RIEN, à moins que la politique ne soit plus, en France, qu'une QUESTION D'ARGENT.

CHEMIN DE FER D'INTÉRÊT LOCAL

D'ORLÉANS A ROUEN

PASSAGES A NIVEAU N° 9 ET N° 10

CORRESPONDANCE

On ouvre un chemin de fer d'intérêt local d'Orléans à Rouen.
Quand les travaux de ce chemin de fer ont été assez avancés dans
la commune de Fontenay-sur-Conie (Eure-et-Loir) pour permettre
la pose d'une voie de service, la Compagnie a fait pratiquer d'informes terrassements, tant au passage à niveau n° 9 de *La Croix*
qu'au passage à niveau n° 10, du chemin de *La Chouannière*. Sur
ces terrassements on a étendu quelques pierres et placé des rails.

Malgré des réclamations locales, qui sont parvenues au parquet
de Châteaudun, sans que les populations s'en soient mieux trouvées, il est arrivé un moment où les deux passages à niveau susdits
sont devenus à peu près impraticables, comme le maire de Fontenay-sur-Conie l'a constaté par le procès-verbal ci-dessous :

(A) DÉPARTEMENT D'EURE-ET-LOIR

ARRONDISSEMENT DE CHATEAUDUN.— COMMUNE DE FONTENAY-SUR-CONIE

CHEMINS VICINAUX n° 9 et n° 11 et CHEMINS RURAUX n° 8 et n° 10

Service vicinal

PROCÈS-VERBAL DE CONSTATATION

Le quinze mai mil huit cent soixante-douze, le maire de la commune de
Fontenay-sur-Conie, soussigné, assisté de M. Vallée, homme de l'art, a ouvert le présent procès-verbal à l'effet de constater ce qui suit :

1° Sur sa réquisition en date du 10 de ce mois, M. l'agent voyer du canton d'Orgères s'est rendu au lieu dit : *La Croix*, où les chemins vicinaux n° 9 et n° 11, ainsi que le chemin rural n° 10, se réunissent et sont coupés dans leur partie commune par le chemin de fer d'Orléans à Rouen, et là, en présence du maire assisté comme il est dit ci-dessus, il a déclaré que, n'ayant pas reçu d'ordre de ses chefs, il ne pouvait assister aux constatations qu'à titre officieux.

2° M. le conducteur des ponts et chaussées, en résidence à Janville, chargé du contrôle des travaux du chemin de fer, convoqué aussi par lettre du 10 courant, du maire soussigné, était présent également. Il a exposé qu'il n'a pas entre les mains les plans approuvés pour les passages à niveau et que, par conséquent, il ne peut pas se prononcer sur la question de savoir si ceux de ces passages qui ont déjà été exécutés sont conformes aux projets réguliers. Il a ajouté que, du reste, il ne s'est rendu à la convocation qu'à titre officieux.

3° Le maire, soussigné, a mis sous les yeux des assistants une copie du plan soumis, dans ladite commune de Fontenay, à l'enquête du titre II de la loi du 3 mai 1841, et visé dans le jugement d'expropriation rendu le 22 juillet 1870, par le tribunal de Châteaudun, plan qui est intitulé :

CHEMIN DE FER D'INTÉRÊT LOCAL

D'ORLÉANS A ROUEN PAR CHARTRES ET DREUX

Ligne de Orléans à Chartres

PROJET DÉFINITIF

Partie comprise entre

Longueur

COMMUNE DE FONTENAY-SUR-CONIE

PLAN PARCELLAIRE

Échelle de 1/1000

4° Le plan, qui est estampillé du cachet de la préfecture d'Eure-et-Loir, porte la mention :

« Présenté par l'administrateur de la Compagnie délégué.

« Paris, le 21 mai 1870.

« *Signé :* DE VILLERMONT. »

5° Ledit plan est visé par M. le secrétaire-général du département : « Pour extrait, en ce qui concerne M. Besseteaux (Narcisse-Eugène), con- « forme au plan déposé à la préfecture d'Eure-et-Loir. »

6° Il a été fait sur le terrain, en ce qui se rapporte au passage à niveau n° 9, de 4 mètres de largeur, figuré au plan produit par le maire soussigné, pour assurer la circulation sur les chemins vicinaux n° 9 et n° 11 et sur le chemin rural n° 10, dont chacun porte l'annotation « Dévié », l'application des lignes de ce plan.

7° L'axe du passage à niveau n° 9 doit être d'équerre à l'axe du chemin de fer et doit passer à environ cinquante centimètres (0^m,50) au nord de la séparation des parcelles n° 130 et n° 131 de la section C du plan cadastral de Fontenay-sur-Conic. A chacune de ses extrémités, le passage à niveau n° 9 doit s'évaser par deux pans coupés dirigés à quarante-cinq degrés (45 de-grés), division sexagésimale, sur l'axe du chemin de fer, formant chacun l'hypoténuse d'un triangle rectangle isocèle ayant des côtés égaux d'un mètre (1 mètre) de longueur. Entre les deux évasements, le passage à niveau n° 9 doit présenter une longueur de neuf mètres cinquante-six centimètres (9^m,56).

8° Le passage à niveau n° 9 n'a pas été exécuté conformément au plan parcellaire ci-dessus visé, dressé comme *projet définitif*.

9° L'axe de ce passage à niveau, tel qu'il est établi, a été jalonné sur le terrain.

10° Sur la rive gauche du chemin de fer, c'est-à-dire à l'ouest, la dis-tance entre l'axe d'exécution du passage à niveau n° 9 et son axe figuré au plan du projet définitif est de deux mètres quatre-vingt-sept centimètres (2^m,87); sur la rive droite du chemin de fer, c'est-à-dire à l'est, la distance entre les deux axes est de onze mètres (11 mètres).

11° La disposition adoptée en exécution pour le passage à niveau n° 9 a pour résultat de le rendre presque inabordable pour les voitures attelées de plusieurs chevaux allant de Fontenay vers Germignonville, ou inver-sement, sur le chemin vicinal n° 9.

12° Un calque du plan parcellaire du projet définitif, figurant en rouge plein * l'axe du passage à niveau n° 9, tel qu'il est exécuté, calque dressé par M. Vallée, est annexé au présent procès-verbal.

13° Après les constatations précédentes, le maire, soussigné, toujours as-sisté comme il est dit plus haut, s'est transporté, en présence des mêmes agent voyer et conducteur des ponts et chaussées susdits, sur le chemin de fer, au passage à niveau n° 10, prévu pour desservir la circulation sur le chemin rural n° 8, et y a procédé à des constatations du même genre.

14° Le passage à niveau n° 10 doit, d'après le plan du *projet définitif*,

---

* Sur le plan imprimé qui suit, le trait *rouge plein* a été remplacé par un *triple trait noir*.

couper le chemin de fer au moyen d'une déviation du vieux chemin de six mètres (6 mètres) de largeur, dont l'axe est ainsi formé, en marchant du sud au nord : une courbe de raccordement de quinze mètres (15 mètres) de rayon. Une droite de douze mètres (12 mètres) de longueur. Une courbe, encore de quinze mètres (15 mètres) de rayon, tournée en sens inverse de la première. Une contre-courbe de cinquante mètres (50 mètres) de rayon.

15° Le passage à niveau n° 10 n'a pas encore été exécuté, bien qu'il y ait environ deux mois que les rails soient en place. On a fait quelques terrassements et rechargé le vieux chemin avec de la pierre cassée. Malgré ces travaux, le passage est dangereux pour les voitures lourdes, tant par ses déclivités transversales que par sa direction trop biaise sur les rails et par l'irrégularité des terrassements, qui ne sont pas dressés et présentent des saillies brusques qui ont plus de vingt centimètres (0^m,20) de hauteur.

De tout ce qui précède, il a été dressé le présent procès-verbal, que les assistants ont signé avec le maire, soussigné, chacun pour ses déclarations, après lecture prise.

Clos à Fontenay-sur-Conie, les jour, mois et an susdits.

<table>
<tr><td>L'agent voyer,
CHAUVEAU.</td><td>Le conducteur des ponts et chaussées,
DOUBLIER.</td></tr>
<tr><td>L'homme de l'art,
VALLÉE.</td><td>Le maire,
VIOLETTE.</td></tr>
</table>

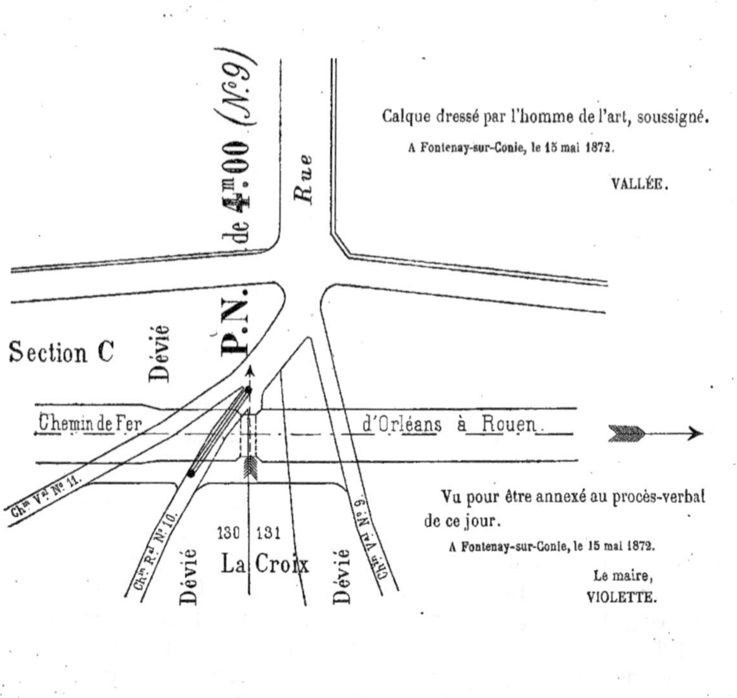

Calque dressé par l'homme de l'art, soussigné.

A Fontenay-sur-Conie, le 15 mai 1872.

VALLÉE.

Vu pour être annexé au procès-verbal de ce jour.

A Fontenay-sur-Conie, le 15 mai 1872.

Le maire,
VIOLETTE.

Voici la lettre d'envoi du procès-verbal qui précède :

(B) *A Monsieur le Préfet du département d'Eure-et-Loir,*
Le Maire de la commune de Fontenay-sur-Conie.

Monsieur le Préfet,

La lettre que vous m'avez fait l'honneur de m'écrire, le 29 juin 1871, au sujet du passage à niveau n° 9, prévu, sur le chemin de fer d'intérêt local d'Orléans à Rouen, dans la commune de Fontenay-sur-Conie, au lieu dit : *La Croix*, porte :

« Les projets pour la construction du chemin de fer ont été approuvés, « par mon prédécesseur, après enquêtes. Cette décision est acquise à la « Compagnie. »

Il va sans dire, dès lors, Monsieur le Préfet, que la même décision *est acquise* aux populations intéressées à la construction du chemin de fer, soit comme ensemble, soit comme détails.

Vous trouverez, ci-joint, copie d'un procès-verbal de constatation que j'ai dressé, le 15 courant, avec l'assistance d'un homme de l'art, en présence de M. l'agent voyer du canton d'Orgères, et de M. le conducteur des ponts et chaussées, chargé du contrôle des travaux du chemin de fer. Il résulte de ce procès-verbal que ni le passage à niveau n° 9, ni le passage à niveau n° 10 n'ont été exécutés conformément au *seul projet* soumis à l'enquête, dans la commune, projet qui a été approuvé, depuis, par M. votre prédécesseur.

C'est pourquoi, Monsieur le Préfet, je viens vous prier de prendre telles mesures que de raison, afin que les lieux soient mis dans l'état où ils doivent être, ce qui est urgent, la disposition actuelle des passages, surtout la disposition du passage n° 9, occasionnant, à la circulation, une gêne dont vous vous rendrez facilement compte en lisant le procès-verbal précité, et en jetant les yeux sur le plan qui y est joint.

Je suis, avec respect, Monsieur le Préfet, votre très-humble et très-obéissant serviteur.

Le maire,
VIOLETTE.

A Fontenay-sur-Conie, le 20 mai 1872.

On pourrait supposer que M. le préfet ne connaissait pas les lieux et qu'il ne pouvait pas se faire une idée exacte de l'état dans laquel la Compagnie les avait mis. Ce serait s'abuser. M. le préfet a vu les lieux, comme le prouve la lettre suivante, de M. le conseiller général du canton d'Orgères :

Cormainville, 7 juin 1872.

(C)

MON CHER COLLÈGUE,

A la réception de votre lettre arrivée hier, j'allais vous demander si vous aviez été avisé par quelque employé de la Compagnie, qu'on allait faire droit à la réclamation que vous m'avez transmise et dont j'ai eu hâte de me faire l'interprète près de qui de droit.

J'ai fait voir samedi sur les lieux mêmes à M. le préfet, ainsi qu'à mes collègues de la Commission permanente, ce dont il s'agissait, et immédiatement l'ingénieur de la Compagnie, présent également, a été invité à faire droit à notre demande.

J'espère que la rectification à laquelle il va être procédé sera faite de manière à vous donner satisfaction.

Veuillez agréer, Monsieur et cher collègue, la nouvelle assurance de mes sentiments bien dévoués.

DREUX,
Maire de Cormainville, conseiller général.

Le 14 juin 1872, bien que M. le préfet connût l'état réel des choses, depuis le 1er du mois, la situation n'avait pas changé. Le maire lui écrivit :

(D) *A Monsieur le Préfet d'Eure-et-Loir,*

Le Maire de la commune de Fontenay-sur-Conie.

MONSIEUR LE PRÉFET,

Vous ne m'avez pas fait l'honneur de répondre à la lettre que je vous ai adressée, le 20 du mois dernier, au sujet des passages à niveau n° 9 et n° 10, du chemin de fer d'Orléans à Rouen (partie entre Orléans et Dreux); mais M. le conseiller général du canton d'Orgères a bien voulu m'écrire le 7 courant, et c'est ainsi que j'ai su :

1° Que le 1er de ce mois, lors de la visite dans laquelle vous avez accompagné la Commission départementale jusqu'à Patay, vous avez reconnu, *sur les lieux*, la légitimité des réclamations de la commune de Fontenay ;

2° Que, séance tenante, des ordres ont été donnés pour mettre un terme à la situation déplorable des chemins coupés par la voie ferrée tant à La Croix qu'à La Chouannière.

Depuis la visite *rien n'a été fait*, et je viens, en conséquence, Monsieur le Préfet, réclamer, de nouveau, votre intervention, pour que l'article 17 du titre Ier du cahier des charges annexé au décret du 4 août 1869, déclaratif de l'utilité publique du chemin de fer d'intérêt local d'Orléans à Rouen, sur Eure-et-Loir, ne demeure pas plus longtemps dans l'oubli. Cet article porte :

« 17. A la rencontre des routes impériales ou départementales et des « autres chemins publics, il sera construit des chemins et ponts provisoires, « par les soins et aux frais de la Compagnie, partout où cela sera jugé né- « cessaire pour que la circulation n'éprouve ni interruption, ni gêne.

« Un délai sera fixé par l'Administration pour l'exécution des travaux « définitifs destinés à rétablir les communications interceptées. »

Ceci est parfaitement clair. La circulation ne doit éprouver ni *interruption*, ni *gêne*, et la Compagnie doit établir des *ponts ou des chemins provisoires, partout où l'Administration décide qu'il en est besoin*.

La Compagnie doit, de plus, finir les travaux définitifs dans les délais qui lui sont prescrits par qui de droit.

Puisque l'Administration préfectorale n'a pas fixé, à la Compagnie, les délais dans lesquels les passages à niveau n° 9 et n° 10 devaient être amenés à *leur état définitif* et puisqu'il a été *constaté* que cette Compagnie, abusant de la latitude qu'on lui a laissée, a occasionné, à la circulation sur les chemins n° 8, n° 9, n° 10 et n° 11 de la commune de Fontenay, *une gêne* qui dure depuis trois mois, malgré les termes si formels du cahier des charges, c'est bien le moins qu'on finisse par où on aurait dû commencer et qu'on force la Société industrielle à respecter ses engagements.

J'ajouterai, Monsieur le Préfet, qu'il n'est pas décent de voir une Compagnie laisser ou faire imprimer dans les journaux, des articles où on lit : « La Commission a trouvé la ligne très-satisfaisante..... » et se jouer à ce point des intérêts du Pays que, pendant des mois, les douze passages à niveau établis sur des voies publiques, depuis et y compris celui de Gommiers, jusqu'à celui du chemin d'intérêt commun n° 7, près le hameau des Bordes, inclusivement, sont restés inachevés et sont encore aujourd'hui, pour plusieurs, dans une situation pitoyable. J'ai envoyé une personne de confiance vérifier les faits.

Dans son discours du 4 mai 1872, M. le duc d'Audiffret-Pasquier a dit à l'Assemblée nationale : « Le ministère de la guerre est pavé de bons règle- « ments. Il n'est pas possible de trouver un ensemble de plus admirables

« dispositions ; seulement on ne les exécute pas. » Le cahier des charges précité, lui aussi, contient une foule de bonnes dispositions ; mais, si on veut les utiliser, il ne faut pas ensevelir la pièce dans la poussière des cartons. Il est plus que vraisemblable que ce document a été imprimé pour être distribué à tous les agents chargés de veiller à son exécution. S'il en est ainsi, et s'il en reste quelques exemplaires à la préfecture, je vous serai grandement reconnaissant de m'en envoyer un.

Je suis, etc.

Le maire,
VIOLETTE.

A Fontenay-sur-Conie, le 14 juin 1872.

Après la lettre (D), la Compagnie s'est décidée à faire améliorer le passage à niveau n° 9. Quant au passage à niveau n° 10, elle a persisté à n'y rien faire, et, le 11 juillet dernier, le maire a dû écrire de nouveau à M. le préfet.

(E) *A Monsieur le Préfet du département d'Eure-et-Loir,*

Le Maire de la commune de Fontenay-sur-Conie.

MONSIEUR LE PRÉFET,

Depuis la lettre que j'ai eu l'honneur de vous écrire, le 14 juin dernier, la Compagnie Gautray, Fresson, Van der Elst et autres, a fait mettre *à peu près en état praticable*, le passage à niveau n° 9, de *La Croix*, situé sur le chemin de fer d'Orléans à Rouen, au territoire de la commune de Fontenay-sur-Conie. Quant au passage à niveau n° 10, du même chemin, on n'y a rien fait depuis le 15 mai dernier, jour où j'ai constaté l'état des lieux par un procès-verbal dont je vous ai adressé copie avec ma lettre du 20, même mois.

C'est trop abuser de la patience des populations, et je viens vous prier, Monsieur le Préfet, de prendre, en exécution de l'article 17 du cahier des charges annexé au décret d'utilité publique du 4 août 1869, un arrêté fixant un délai de rigueur pour l'achèvement des travaux.

Je vous préviens, d'ailleurs, que si je n'ai pas reçu, sous quinzaine, *avis officiel* de la mise en demeure de la Compagnie, ou si, dans le même délai, elle ne s'est pas mise à l'œuvre pour faire le nécessaire, je présenterai une plainte à M. le Ministre de l'intérieur, en même temps que je publierai ma correspondance avec vous sur l'affaire dont il s'agit. Il faut que le Pays soit renseigné sur les actes de ses administrateurs.

Je vous réitère, en terminant, la demande que je vous ai faite, le 14 juin dernier, d'un exemplaire du cahier des charges précité, demande qui est, jusqu'ici, restée sans réponse.

Je suis, etc.

Le maire,
VIOLETTE.

A Fontenay-sur-Conie, le 11 juillet 1872.

Emue de la menace d'une plainte au ministre de l'intérieur et plus émue encore, c'est probable, de la menace d'un appel à la publicité, la préfecture, rappelée à la filière hiérarchique par une lettre du maire, vieille d'un an (*), a donné des instructions à son subordonné immédiat, M. le sous-préfet de l'arrondissement de Châteaudun. Par ordre, ce subordonné a écrit au maire la lettre qui suit :

(F) SOUS-PRÉFECTURE DE CHATEAUDUN

CABINET DU SOUS-PRÉFET

Châteaudun, le 22 juillet 1872.

MONSIEUR LE MAIRE,

Par lettre du 11 de ce mois, vous avez demandé à M. le préfet d'inviter la Compagnie concessionnaire du chemin de fer d'intérêt local à mettre en état les passages à niveau nos 9 et 10.

Pour finir cet incessant débat, M. le prefet a invité MM. les ingénieurs du contrôle à procéder à la réception des passages et des chemins, après leur mise en état.

Votre lettre contient des menaces de porter plainte au Ministre, de publier votre correspondance, etc.....

Je suis chargé, Monsieur le Maire, de vous faire observer que vous oubliez

---

(*) Cette lettre, datée du 26 juillet 1871, finissait ainsi : « J'adresse copie de la pré-
« sente à M. le sous-préfet de Châteaudun, afin de rétablir la filière hiérarchique autant
« qu'il dépend de moi.
« Je suis, etc. »

toutes les règles de la hiérarchie et de la plus simple politesse. L'administration n'est pas disposée à tolérer plus longtemps les termes par trop vifs de votre correspondance, dont le rédacteur est d'ailleurs trop connu pour un esprit tracassier.

Vous devrez d'abord, suivant les règles administratives, correspondre à l'avenir avec moi et non pas directement avec M. le préfet.

De plus, dans le cas où vous ne modifieriez pas les termes de vos rapports avec l'administration supérieure, je me verrais dans la nécessité de provoquer des mesures, pour vous rappeler au respect des convenances.

En finissant, Monsieur le Maire, je dois ajouter que l'administration n'a point à fournir aux communes le cahier des charges arrêté entre le département et la Compagnie pour la concession du chemin de fer et que les communes sont libres, d'ailleurs, comme les particuliers, de se le procurer à leurs frais.

Recevez, etc.

Le Sous-Préfet,
DE CHANALEILLES.

M. le Maire de Fontenay-sur-Conie.

Le maire a répondu dans les termes qui suivent :

(G) *A Monsieur le Sous-Préfet de l'arrondissement de Châteaudun,*

Le Maire de la commune de Fontenay-sur-Conie.

MONSIEUR LE SOUS-PRÉFET,

J'ai reçu le 23 de ce mois la lettre sous forme de *mercuriale* que vous m'avez fait l'honneur de m'écrire, la veille, par ordre de M. le préfet d'Eure-et-Loir. Sans discuter la *forme* de votre dépêche, j'espère que, si vous daignez en relire la minute, vous reconnaîtrez qu'elle aurait été libellée autrement, si elle n'avait pas été inspirée par un sentiment d'irritation aussi vif qu'il était mal fondé.

Revenant au sujet de votre lettre, Monsieur le Sous-Préfet, je vous dirai, pour préciser la position de chacun et vous mettre à même de provoquer toutes les mesures que vous jugerez opportunes :

1º Que le débat qui s'est engagé, dès le mois de mars 1872, entre la commune de Fontenay-sur-Conie et la Compagnie du chemin de fer d'Or-

léans à Rouen (partie entre Orléans et le département de l'Eure), à propos
de l'état impraticable dans lequel cette Compagnie a mis les chemins
n° 8, n° 9, n° 10 et n° 11 de la commune, aux passages à niveau n° 9 et
n° 10 du chemin de fer, n'est pas *incessant*, comme vous paraissez le supposer, car c'est *vous-même* qui m'apprenez que M. le préfet va y mettre *un
terme.*

2° Que si M. le préfet, qui avait tous les pouvoirs nécessaires, avait *com-
mencé par où il a fini*, en obligeant la Compagnie à tenir ses engagements
vis-à-vis des populations, il aurait soulagé celles-ci d'une *gêne insolite* et
m'aurait épargné les ennuis d'une correspondance qui a dû forcément abou-
tir à la mise en demeure du 11 de ce mois, puisque, c'est triste à penser,
cette mise en demeure était devenue le *seul moyen* qui me restât *d'obtenir
justice.*

3° Que je ferai respecter la loi dans la commune de Fontenay-sur-Conie,
quels que soient ceux qui pourraient tenter de l'enfreindre, et que je n'y
tolérerai pas plus *l'arbitraire* que toute autre violation du droit. J'ai été
nommé pour cela par les électeurs. Je ne déserterai pas mon mandat. Je l'ai
rempli, par des temps plus difficiles, devant l'ennemi.

4° Que, dès lors, si l'administration supérieure ne veut plus supporter
mes persévérantes réclamations, il faudra qu'elle sache les prévenir en se
maintenant dans le droit, et si, le cas échéant, elle croyait devoir me rappeler à la règle, elle aurait à le faire par des remontrances motivées et non
par des imputations vagues, enveloppées dans des termes plus ou moins
dépourvus d'urbanité.

5° Que je n'ai *aucun désir* d'entretenir des rapports directs avec la Préfecture, et que si, non-seulement pour les affaires du chemin de fer d'Orléans à Rouen, mais pour une foule d'autres, on n'était pas continuellement
sorti de la voie hiérarchique (j'ai entre les mains je ne sais combien de
lettres et de notes qui attestent ce dédain de la filière administrative), en
s'adressant à moi, sans passer par votre intermédiaire, je ne serais jamais
tombé dans l'écart que vous semblez, par votre lettre précitée, me reprocher comme si j'en étais l'auteur. Désormais, donc, Monsieur le Sous-Préfet,
je correspondrai avec vous, à moins que la préfecture, sortant de nouveau de
la règle, ne recommence à m'envoyer directement ses communications.

6° Que c'est à tort qu'on a laissé sans réponse, depuis le 14 juin 1872
jusqu'au 22 juillet suivant, la demande que j'ai faite, à la préfecture, du
cahier des charges annexé au décret d'utilité publique du 4 août 1869. On
ne fait pas attendre ainsi un *simple refus* pendant *cinq semaines*. Au surplus, ce cahier des charges, je me le suis procuré. Je m'en suis déjà servi
et je saurai m'en servir encore, à l'occasion. Veuillez n'en pas douter.

7° Que je ne vous autorise pas plus à critiquer les *commis qu'il me plaît
d'employer* pour ma correspondance municipale qu'il ne vous conviendrait

de m'autoriser à vous faire la critique des commis qui rédigent vos lettres, des commis qui rédigent les lettres de M. le préfet ou des commis qui rédigent les dépêches ministérielles. *Quand je signe une pièce, la responsabilité m'en appartient,* que son rédacteur soit « un esprit tracassier », *suivant votre expression,* ou qu'il soit, *suivant mon sentiment,* un rigide observateur aussi bien du *devoir* que du *droit.*

8° Que j'adresse copie de votre lettre du 22 de ce mois et copie de la présente à M. le conseiller général du canton d'Orgères, afin de le tenir au courant de la situation de l'affaire des passages à niveau n° 9 et n° 10, dont il a bien voulu s'occuper activement.

Placé, Monsieur le Sous-Préfet, à la tête d'une exploitation rurale qui me permet de vivre honorablement du fruit de mon travail, je n'ai pas le temps, comme on dit vulgairement, *de chercher des puces dans les paroles des autres ;* mais, pour cela, je n'entends pas qu'on en trouve, dans les miennes, *là où il n'y en a pas.* Si donc, dorénavant, vous songiez à me reprocher d'avoir méconnu les règles « de la plus simple politesse », ainsi que vous venez de le faire, vous voudriez bien spécifier *en quoi,* sinon vous me mettriez dans la nécessité de tenir vos observations pour frivoles.

Agréez, je vous prie, Monsieur le sous-Préfet, l'assurance de mes sentiments respectueux.

Le maire,
Violette.

A Fontenay-sur—Conie, le 25 juillet 1872.

La lettre (E) avait, paraît-il, agi très-efficacement, car la Compagnie, relancée comme elle ne l'avait jamais été, sans doute, s'est résignée à faire, enfin, travailler au passage à niveau n° 10. C'est constaté par le procès-verbal ci-dessous :

(H) DÉPARTEMENT D'EURE-ET-LOIR

ARRONDISSEMENT DE CHATEAUDUN.— COMMUNE DE FONTENAY-SUR-CONIE

CHEMINS VICINAUX n° 9 et n° 11 et **CHEMINS RURAUX** n° 8 et n° 10

Service vicinal

PROCÈS-VERBAL DE CONSTATATION

Le vingt-six juillet mil huit cent soixante-douze, le maire de la commune de Fontenay-sur-Conie, soussigné, assisté de M. Vallée, homme de l'art, a ouvert le présent procès-verbal à l'effet de constater ce qui suit :

1° M. l'agent voyer du canton d'Orgères, convoqué par lettre du 20 de ce mois, était présent, à une heure de relevée ;

2° M. le conducteur des ponts et chaussées, en résidence à Janville, chargé du contrôle des travaux du chemin de fer d'Orléans à Rouen, entre la limite du Loiret et Voves, convoqué, comme M. l'agent voyer du canton d'Orgères, par lettre du 20 courant, était présent aussi. Il n'avait, entre les mains, ni le cahier des charges imposées à la Compagnie, cahier des charges annexé au décret d'utilité publique du 4 août 1869, ni les projets approuvés des passages à niveau n° 9 et n° 10, dudit chemin de fer ;

3° Le passage à niveau n° 9 du chemin de fer, prévu sur les chemins n° 9, n° 10 et n° 11 de ladite commune, réunis au lieu dit : *La Croix*, a été modifié depuis la visite des lieux du 15 mai 1872 ; il est maintenant dans l'emplacement figuré au plan parcellaire, visé par le jugement d'expropriation du 22 juillet 1870 ;

4° Ce passage, sans être en état de réception, est néanmoins praticable ;

5° Le passage à niveau n° 10, dudit chemin de fer, prévu sur le chemin n° 8, de ladite commune, n'est pas terminé ;

6° Aux abords du chemin de fer, le chemin communal a été dévié à peu près suivant la direction figurée au plan parcellaire précité, et des terrassements ont été pratiqués dans des conditions telles que la circulation des voitures, qui n'était pas praticable, lors de la visite des lieux du 15 mai 1872, s'est notablement améliorée et n'offre pas de danger, pour le moment.

De tout ce qui précède, il a été dressé le présent procès-verbal, que les assistants ont signé avec le maire, soussigné, à l'exception de M. le conducteur du contrôle des travaux du chemin de fer, lequel s'y est refusé en déclarant qu'il n'avait pas d'instruction de ses chefs lui permettant de le faire.

Clos, à Fontenay-sur-Conie, les jour, mois et an susdits.

L'homme de l'art,　　　　　　　L'agent voyer,
VALLÉE.　　　　　　　　　　　CHAUVEAU.

Le maire,
VIOLETTE.

Il va sans dire que le maire, se renfermant dans la règle, a pris l'intermédiaire de M. le sous-préfet de l'arrondissement de Châteaudun, pour transmettre, à la préfecture, copie du procès-verbal (H). Voici sa lettre d'envoi :

(I) *A Monsieur le Sous-Préfet de l'arrondissement de Châteaudun,*

Le Maire de la commune de Fontenay-sur-Conie.

MONSIEUR LE SOUS-PRÉFET,

J'ai l'honneur de vous adresser, ci-joint, copie du procès-verbal que j'ai dressé, hier, pour constater la situation des passages à niveau n° 9 et n° 10, du chemin de fer d'Orléans à Rouen.

Vu, Monsieur le Sous-Préfet, les travaux exécutés sur ces deux passages, depuis la lettre que j'ai écrite, à leur sujet, à M. le préfet d'Eure-et-Loir, le 11 courant, j'ajourne, par provision, toute nouvelle démarche.

Agréez, etc.

Le maire,
VIOLETTE.

A Fontenay-sur-Conie, le 27 juillet 1872.

La préfecture n'était pas contente. C'est ce qui résulte de la lettre qui suit :

(J) SOUS-PRÉFECTURE DE CHATEAUDUN

CABINET DU SOUS-PRÉFET.

Châteaudun, le 9 août 1872.

MONSIEUR LE MAIRE,

J'ai l'honneur de vous informer que par un arrêté, en date du 7 août, M. le préfet vient de vous suspendre de vos fonctions de maire, pendant deux mois.

Par suite de cette mesure, les fonctions de maire sont, de droit, déléguées pendant l'intérim, à M. Gauchet, adjoint de la commune, avec lequel vous voudrez bien vous entendre pour assurer, pendant cette période, la marche des services municipaux.

Agréez, etc.

Le Sous-Préfet,
DE CHANALEILLES.

Le maire *suspendu* s'est empressé d'accuser réception de la lettre (J) ainsi qu'il suit :

(K) *A Monsieur le Sous-Préfet de l'arrondissement de Châteaudun,*

Le Maire suspendu *de la commune de Fontenay-sur-Conie.*

Monsieur le Sous-Préfet,

Par lettre sous date d'hier, vous m'avez fait l'honneur de m'informer que, par arrêté du 7 de ce mois, M. le préfet d'Eure-et-Loir m'a suspendu de mes fonctions de maire, pendant deux mois.

D'ailleurs, Monsieur le Sous-Préfet, soit à dessein, soit autrement, vous vous êtes dispensé de me notifier, en copie, l'arrêté précité, ce qui ne me permet pas d'en apprécier la régularité et de le déférer, le cas échéant, à M. le Ministre de l'intérieur. J'attendrai, jusqu'au 15 courant, la notification dont il s'agit, et, à son défaut, j'aviserais aux mesures que j'aurais à prendre.

Par provision, j'ai remis les fonctions de maire entre les mains de M. l'adjoint de la commune de Fontenay-sur-Conie, et j'adresse copie de la présente à M. le conseiller général du canton d'Orgères afin de le tenir au courant.

Agréez, etc.

Le maire suspendu,
Violette.

A Fontenay-sur-Conie, le 10 août 1872.

M. le sous-préfet de l'arrondissement de Châteaudun a répondu :

(L) SOUS-PRÉFECTURE DE CHATEAUDUN

CABINET DU SOUS-PRÉFET.

Châteaudun, le 11 août 1872.

Monsieur,

J'ai l'honneur de vous adresser, suivant le désir que vous m'en avez exprimé, une copie certifiée conforme, de l'arrêté de M. le préfet d'Eure-et-Loir, en date du 7 août 1872. Je suis d'ailleurs très-étonné que M. l'adjoint, chargé de sa notification, ne vous en ait point laissé copie.

Agréez, etc.

Le Sous-Préfet,
DE CHANALEILLES.

Voici l'arrêté de suspension du 7 août 1872 :

(M) PRÉFECTURE D'EURE-ET-LOIR

NOUS, PRÉFET D'EURE-ET-LOIR,

Vu l'article 2 de la loi du 5 mai 1855 sur l'organisation municipale ;

Vu l'article 18 de la loi du 14 avril 1871 ;

Vu les lettres de M. Violette, maire de Fontenay-sur-Conie, en date des 3, 17, 26 juillet 1871, 11 et 25 juillet 1872 ;

Vu le rapport de M. le sous-préfet de Châteaudun en date du 25 juillet dernier ;

ARRÊTONS :

ARTICLE 1er.

M. Violette, maire de Fontenay-sur-Conie, est suspendu de ses fonctions pendant deux mois, à partir de la notification du présent arrêté.

ARTICLE 2.

Expédition de cette décision sera transmise à M. le sous-préfet de Châteaudun, qui demeure chargé d'en assurer l'exécution.

Chartres, le 7 août 1872.

Le Préfet,
Signé : A. LE GUAY.

Pour expédition,
Le Secrétaire Général,
Signé : DUCAUROY.

Pour copie conforme,
Le Sous-Préfet de Châteaudun,
DE CHANALEILLES.

Cet arrêté, aussi laconique que dépourvu de motif, est aussi impérieux qu'arbitraire.

Est-il légal? C'est une question.

La loi qui régit, aujourd'hui, les municipalités est du 14 avril 1871. C'est une loi de circonstance. Elle s'explique elle-même sur ce point à son article 18, qui porte :

« Provisoirement et en attendant que l'Assemblée nationale ait
« statué sur ces matières, continueront à être observées les lois ac-
« tuellement en vigueur sur l'organisation et les attributions mu-
« nicipales dans celles de leurs dispositions qui ne sont pas con-
« traires à la présente loi. »

Le maire, qui n'a pas plus à se faire le critique de la loi que son champion, dira simplement qu'elle existe, et que, dès lors, il faudrait la respecter.

Or, cette loi ayant posé en principe que les maires et les adjoints ne sont plus à la *discrétion* des préfectures pour les *nominations*, a-t-elle pu les maintenir à la *discrétion* de ces mêmes préfectures pour les *suspensions?* Il y aurait là une contradiction choquante.

Tout ce que l'autorité paraît pouvoir faire, et c'est déjà beaucoup, c'est de *révoquer* les maires et les adjoints par décret. Mais l'article 9 de la loi du 14 avril 1871, qui prévoit cette pénalité, n'en prévoit pas d'autres et ne dit pas un mot de la *suspension*, ce qui se comprend de reste.

Au surplus le Pays jugera. C'est son affaire.

Après avoir reçu copie de l'arrêté (M) du 7 août 1872, qui le suspendait pour deux mois, le maire a écrit à M. le sous-préfet de l'arrondissement de Châteaudun.

(N) *A Monsieur le Sous-Préfet de l'arrondissement de Châteaudun,*

Le Maire suspendu de la commune de Fontenay-sur-Conie.

Monsieur le Sous-Préfet,

Avec une lettre d'envoi sous date d'hier, vous m'avez fait l'honneur de m'adresser une copie certifiée de l'arrêté du 7 courant, par lequel M. le préfet d'Eure-et-Loir m'a suspendu de mes fonctions, pour deux mois. Je m'empresse de vous accuser réception de ces deux pièces.

Dans votre lettre, Monsieur le Sous-Préfet, vous vous étonnez de ce que M. l'adjoint de la commune de Fontenay-sur-Conie ne m'ait pas laissé copie dudit arrêté. Il est plus que vraisemblable que, si vous aviez recommandé à M. l'adjoint de prendre ce soin, il se serait conformé à votre désir, encore bien qu'il ne soit guère d'usage de faire faire, à un maire, une notification par son adjoint.

Agréez, etc.

Le maire suspendu,
VIOLETTE.

A Fontenay-sur-Conie, le 12 août 1872.

M. le Ministre de l'intérieur n'a rien trouvé de mieux à faire que de confirmer, *sans autre information*, l'arrêté préfectoral (M), en prolongeant d'un mois la durée de la suspension. C'est ce que M. le sous-préfet de l'arrondissement de Châteaudun a fait savoir au maire par la lettre qui suit :

(O) SOUS-PRÉFECTURE DE CHATEAUDUN

(EURE-ET-LOIR).

Châteaudun, le 14 août 1872.

MONSIEUR LE MAIRE,

Je reçois et je m'empresse de vous transmettre expédition d'un arrêté ministériel portant à trois mois la durée de la suspension de vos fonctions de maire.

Agréez, etc.

Le Sous-Préfet,
DE CHANALEILLES.

Monsieur Violette, Maire de Fontenay-sur-Conie.

Voici l'arrêté ministériel du 12 août 1872 :

(P) PRÉFECTURE D'EURE-ET-LOIR

MINISTÈRE DE L'INTÉRIEUR

LE MINISTRE DE L'INTÉRIEUR,

Sur le rapport du Préfet d'Eure-et-Loir ;
Vu l'article 2 de la loi du 5 mai 1855 ;

ARRÊTE :

ARTICLE 1er.

Est confirmé l'arrêté préfectoral en date du 7 août présent mois, suspendant M. Violette, maire de Fontenay-sur-Conie (Eure-et-Loir).
La durée de la suspension est portée à trois mois.

ARTICLE 2.

Le préfet d'Eure-et-Loir est chargé de l'exécution du présent arrêté.

Fait à Versailles, le 12 août 1872.

Signé : VICTOR LEFRANC.

Pour ampliation,
Pour le directeur du secrétariat de la comptabilité,
Le chef du 1er bureau de la division du secrétariat,
Signé : DE LAPEYRIE.

Pour copie conforme,
Le Secrétaire Général,
Signé : DUCAUROY.

Pour copie conforme,
Le Sous-Préfet de Châteaudun,
DE CHANALEILLES.

Pour que cet arrêté, encore plus laconique et plus impérieux que l'autre, soit frappé au coin du plus parfait arbitraire, il ne lui manque que la célèbre formule finale :

« CAR TEL EST NOTRE BON PLAISIR. »

On y reviendra peut-être.

En attendant, l'accusé de réception que voici a été envoyé à M. le Sous-Préfet de l'arrondissement de Châteaudun aussitôt la notification de l'arrêté ministériel (P) du 12 août 1872 :

(Q) *A Monsieur le Sous – Préfet de l'arrondissement de Châteaudun ,*

Le Maire suspendu de la commune de Fontenay-sur-Conie.

MONSIEUR LE SOUS-PRÉFET,

J'ai l'honneur de vous accuser réception de votre lettre du 14 courant et de la copie de l'arrêté ministériel du 12 de ce mois, prolongeant d'un mois la suspension prononcée contre moi, par arrêté préfectoral du 7 du même mois, jointe à ladite lettre.

Agréez, etc.

Le maire suspendu,
VIOLETTE.

A Fontenay-sur-Conie, le 16 août 1872.

Ainsi traité par la préfecture d'Eure-et-Loir et par le ministère de l'intérieur, le maire a demandé une enquête par la lettre qui suit :

(R) *A Monsieur le Ministre de l'intérieur,*

Le Maire suspendu de la commune de Fontenay-sur-Conie (Eure-et-Loir).

MONSIEUR LE MINISTRE,

J'ai l'honneur de vous accuser directement réception de votre arrêté du 12 courant, qui m'a été notifié hier, et qui prolonge, d'un mois, la suspension de deux mois prononcée contre moi, par arrêté du 7 de ce mois de M. le préfet d'Eure-et-Loir. Je joins à la présente des copies des pièces ci-après détaillées :

1° Lettre du maire de Fontenay-sur-Conie à M. le préfet d'Eure-et-Loir — 20 mai 1872;

2° Lettre de M. le conseiller général du canton d'Orgères au maire de Fontenay-sur-Conie — 7 juin 1872;

3° Lettre du maire de Fontenay-sur-Conie à M. le préfet d'Eure-et-Loir, — 14 juin 1872 ;

4° Lettre du même au même — 11 juillet 1872 ;

5° Lettre de M. le sous-préfet de l'arrondissement de Châteaudun au maire de Fontenay-sur-Conie — 22 juillet 1872 ;

6° Lettre du maire de Fontenay-sur-Conie à M. le sous-préfet de l'arrondissement de Châteaudun — 25 juillet 1872 ;

7° Lettre de M. le sous-préfet de l'arrondissement de Châteaudun au maire de Fontenay-sur-Conie — 9 août 1872 ;

8° Lettre du maire de Fontenay-sur-Conie à M. le sous-préfet de l'arrondissement de Châteaudun — 10 août 1872 ;

9° Lettre de M. le sous-préfet de l'arrondissement de Châteaudun au maire de Fontenay-sur-Conie — 11 août 1872 ;

10° Lettre du maire de Fontenay-sur-Conie à M. le sous-préfet de l'arrondissement de Châteaudun — 12 août 1872.

Il m'a paru inutile, Monsieur le Ministre, de mettre sous vos yeux les copies des pièces datées de 1871, par la raison que la dernière d'entre elles, en date du 26 juillet 1871, sur laquelle M. le préfet d'Eure-et-Loir a prétendu appuyer la suspension dont il vient de me frapper, remontant à plus d'une année, de deux choses l'une :

Ou mes lettres étaient *blâmables,* et, alors, M. le préfet d'Eure-et-Loir a *failli à son devoir* en ne sévissant pas plus tôt.

Ou ces lettres n'étaient pas *blâmables,* et, alors, M. le préfet a *failli à son devoir* en les donnant comme prétexte à sa mesure de rigueur.

D'une façon, comme de l'autre, ce n'est donc pas à moi à me justifier. D'ailleurs, Monsieur le Ministre, si vous désiriez avoir communication de ces documents, et si vous ne vouliez pas en exiger la production par la préfecture d'Eure-et-Loir, je m'empresserais d'en faire faire des copies que je vous soumettrais.

Je ne joins pas, non plus, à la présente, copie du procès-verbal de constatation que j'ai dressé le 15 mai 1872, puisque, dès l'instant où M. le préfet ne l'incrimine pas, c'est qu'il n'a rien trouvé à y redire. Si, cependant, vous vouliez connaître la pièce, je vous en enverrais copie.

Maintenant, Monsieur le Ministre, veuillez me permettre, sans entrer dans l'examen rétrospectif détaillé des actes d'arbitraire de la préfecture d'Eure-et-Loir, concernant le chemin de fer d'intérêt local d'Orléans à Rouen, de vous la signaler comme ayant négligé de faire respecter le cahier des charges annexé au décret du 4 août 1869, déclaratif de l'utilité publique dudit chemin de fer, sur le département, dans trois de ses principales dispositions, ce qui, en économisant certaines dépenses à la Compagnie, a causé des embarras considérables à la circulation, non-seulement dans la commune de Fontenay-sur-Conie, mais dans bien d'autres (Terminiers, Orgères, Viabon et le reste). Voici les faits.

I. — L'article 3 du cahier des charges porte :

« Aucun cours d'eau, aucun chemin public appartenant soit à la grande,
« soit à la petite voirie, ne pourra être modifié ni détourné sans l'autori-
« sation de l'autorité compétente.

« Les ouvrages à construire à la rencontre du chemin de fer et desdits
« cours d'eau ou chemins, ne pourront être entrepris qu'après qu'il aura
« été reconnu par l'administration que les dispositions projetées sont de
« nature à assurer le libre écoulement des eaux ou maintenir une circu-
« lation facile sur les voies traversées par le chemin de fer. »

Dans la commune de Fontenay-sur-Conie, toutes les voies publiques traversées par le chemin de fer d'Orléans à Rouen ont été coupées, sans que des précautions aient été prises pour « maintenir » transitoirement « une circulation facile » et sans qu'aucun avis, soit sous forme d'autorisation, soit autrement, ait notifié au Public, par l'intermédiaire du maire ou directement, le commencement des travaux des passages à niveau.

II. — L'article 13 du cahier des charges porte :

« Dans le cas où des routes impériales ou départementales, ou des che-
« mins vicinaux, ruraux ou particuliers seraient traversés à leur niveau,
« par le chemin de fer, les rails devront être posés sans aucune saillie, ni
« dépression, sur la surface de ces routes et de telle sorte qu'il n'en ré-
« sulte aucune gêne pour la circulation des voitures.

« Le croisement à niveau du chemin de fer et des routes ne pourra s'ef-
« fectuer sous un angle de moins de 45 degrés. »

Sur tous les chemins de la commune de Fontenay-sur-Conie, les rails ont été posés *en relief* et n'ont jamais été raccordés terre à terre aux chaussées transversales. Cela dure depuis des mois, et la circulation, par moments, a été rendue presque impossible.

Le chemin de grande communication n° 29, de Chartres à Rouvray-Sainte-Croix, à l'entrée de la commune de Fontenay-sur-Conie, est traversé par le chemin de fer d'Orléans à Rouen, sous un angle de moins de 45 degrés. Il doit, en conséquence, être dévié. C'est prévu au plan parcellaire. Il y a *quatre mois* qu'on l'a coupé sur place, et la déviation n'est pas même commencée.

Il y a d'autres faits analogues.

III. — L'article 17 du cahier des charges porte :

« A la rencontre des routes impériales et départementales et des autres
« chemins publics, il sera construit des chemins et ponts provisoires, par
« les soins et aux frais de la Compagnie, partout où cela sera jugé né-
« cessaire, pour que la circulation n'éprouve ni interruption, ni gêne.

« Un délai sera fixé par l'Administration pour l'exécution des travaux
« définitifs destinés à rétablir les communications interceptées. »

Sur tous les chemins de la commune de Fontenay-sur-Conie, coupés par
le chemin de fer d'Orléans à Rouen, la circulation a subi plus que de la
gêne. La préfecture, avant mes démarches, *n'avait pas fixé* les délais dans
lesquels les travaux définitifs des passages à niveau seraient exécutés. C'est
prouvé par la lettre du 22 juillet 1872, de M. le sous-préfet de Châteaudun.

Pourquoi la préfecture s'est-elle ainsi *dispensée* de veiller aux *intérêts
publics* qui lui sont confiés, et m'a-t-elle *forcé* de devenir de plus en plus
pressant, vis-à-vis d'elle ?

M. le préfet d'Eure-et-Loir n'ayant pas jugé à propos d'expliquer ses
motifs dans l'arrêté du 7 courant, par lequel il m'a suspendu de mes
fonctions de maire, je viens, Monsieur le Ministre, réclamer de votre
justice :

1° Une enquête sur les rapports qui ont existé entre la Compagnie du
chemin de fer d'Orléans à Rouen (partie entre Orléans et Dreux), la préfecture d'Eure-et-Loir et moi ;

2° L'annulation *officielle* de l'arrêté préfectoral du 7 août 1872 précité,
ainsi que l'annulation de votre arrêté du 12, même mois, me concernant,
au cas où l'enquête établirait que, dans la circonstance, je me suis borné à
remplir scrupuleusement mon devoir.

L'affaire dont il s'agit engage trop gravement ma responsabilité, vis-à-vis
des électeurs de la commune de Fontenay-sur-Conie, pour que je puisse
craindre que votre décision se fasse attendre.

Je suis, avec un profond respect, Monsieur le Ministre,

Votre très-humble et très-obéissant serviteur,

Le maire suspendu ,
VIOLETTE.

A Fontenay-sur-Conie (Eure-et-Loir), le 16 août 1872.

Il n'a pas été OUVERT D'ENQUÊTE. Pourquoi? Ce n'est certainement
pas la crainte de compromettre le maire qui a retenu le ministère.

Il n'a pas été, non plus, répondu à la lettre (R) du 16 août 1872,
et le maire, après avoir patiemment attendu plus d'un mois, a écrit
derechef à M. le ministre de l'intérieur. Voici sa lettre :

(S) *A Monsieur le Ministre de l'intérieur,*

Le Maire suspendu *de la commune de Fontenay-sur-Conie*
(Eure-et-Loir).

MONSIEUR LE] MINISTRE,

Par lettre du 16 août dernier, j'ai eu l'honneur de réclamer de votre justice :

1° Une enquête sur les rapports qui ont existé entre la *Compagnie du chemin de fer d'Orléans à Rouen (partie entre Orléans et Dreux), la préfecture d'Eure-et-Loir et moi ;*

2° Dans le cas où l'enquête établirait que je me suis borné à remplir *strictement mon devoir,* l'annulation *officielle* de l'arrêté préfectoral du 7 août 1872, qui m'a suspendu, pour *deux mois,* de mes fonctions de maire, et l'annulation de l'arrêté du 12 suivant, par lequel, *sans m'avoir entendu,* vous avez porté à *trois mois* la durée de ma suspension.

Après cinq semaines, Monsieur le Ministre, vous n'avez pas jugé plus à propos de faire droit à ma réclamation que d'y répondre. En raison de la nature de l'affaire, il est vraisemblable qu'elle se traite sous votre inspiration directe. Il semble donc hors de doute que le délai qui s'est écoulé depuis la date de ma lettre précitée n'est pas le résultat d'un retard bureaucratique et que c'est de *parti pris* que vous vous abstenez. C'est au surplus facile à comprendre.

Quand on a frappé un fonctionnaire *sans l'avoir entendu,* sur la simple plainte d'un autre fonctionnaire, on est mal placé pour revenir sur sa décision et, trop souvent, on y persiste rien que pour n'avoir pas le crève-cœur de se déjuger.

Quand *l'abus d'autorité,* au lieu d'atteindre un fonctionnaire quelconque, atteint un *magistrat électif,* investi d'un *mandat gratuit* par la confiance de ses concitoyens ; quand ce magistrat est atteint pour des motifs qu'on ne *peut pas même déduire* dans des considérants à l'appui d'une mesure de rigueur ; quand, enfin, ce magistrat est atteint à la suite d'un différend, *de pure administration,* avec des fonctionnaires *salariés,* recrutés..........
.... à la discrétion du pouvoir, la situation s'embarrasse bien autrement.

Je le répète, c'est facile à comprendre ; mais ce n'est ni en jugeant les gens *sans les entendre,* Monsieur le Ministre, ni en faisant un *ténébreux si-*

lence autour des jugements ainsi rendus, qu'on *régénérera la nation française*, et, pour mon compte, je ne m'associerai d'aucune façon à cette manière de procéder. En acceptant des attributions municipales, j'ai pris, à part moi, l'engagement d'en faire respecter le caractère dans ma personne. Cet engagement, je le tiendrai vis-à-vis de vous, comme vis-à-vis de n'importe qui, et, si vous ne *prescrivez pas l'enquête* que je vous ai demandée, *j'appellerai* de votre décision, tacite ou explicite.

Deux voies me sont ouvertes pour sortir de la situation que les arrêtés des 7 et 12 août 1872 ont voulu me faire. Je puis, à mon gré, déférer ces arrêtés au Conseil d'Etat, pour *fausse application* de la loi et *abus d'autorité*, ou les déférer à l'Assemblée nationale et à l'opinion publique, par la voie de la presse.

L'appel au Conseil d'Etat m'astreindrait à suivre une procédure laborieuse, dont mes occupations privées pourraient souffrir. La publicité, sans m'assujettir autant, éclairera mieux le Pays. Aussi, c'est à elle que j'aurai recours, si vous persistez dans votre abstention. D'ailleurs, pour ne pas brusquer la situation et afin de vous laisser tout le temps d'y réfléchir, je ne publierai rien avant les derniers jours du prochain mois.

Je suis, avec un profond respect, Monsieur le Ministre,

Votre très-humble et très-obéissant serviteur,

Le maire suspendu,
VIOLETTE.

A Fontenay-sur-Conie (Eure-et-Loir), le 21 septembre 1872.

La lettre est restée sans RÉPONSE et L'ENQUÊTE n'a pas été ouverte.

ÉPILOGUE

Par décret du 9 août 1872, M. le Préfet a été envoyé, AVEC DE L'AVANCEMENT, dans le département de Meurthe-et-Moselle.

Par arrêté préfectoral du 7 août 1872, le Maire a été SUSPENDU POUR DEUX MOIS et, par arrêté ministériel du 12 août, il a été SUSPENDU POUR UN MOIS DE PLUS.

Du Ministre qui a signé l'arrêté du 12 août dernier, il n'y a plus rien à en dire. L'Assemblée nationale en a fait *justice* avec assez d'éclat pour qu'on soit édifié à fond sur son compte.

Quant au Préfet qui a signé l'arrêté du 7 août 1872 et au Maire qui en a été la victime, le Pays prononcera entre eux en parfaite connaissance de cause.

VIOLETTE.

A Fontenay-sur-Conie, le 15 décembre 1872.

Paris. — Imprimerie A. HENNUYER, rue du Boulevard, 7.